Jackie

CW00468129

Por United Library

https://campsite.bio/unitedlibrary

Índice

Descargo de responsabilidad

Este libro biográfico es una obra de no ficción basada en la vida pública de una persona famosa. El autor ha utilizado información de dominio público para crear esta obra. Aunque el autor ha investigado a fondo el tema y ha intentado describirlo con precisión, no pretende ser un estudio exhaustivo del mismo. Las opiniones expresadas en este libro son exclusivamente las del autor y no reflejan necesariamente las de ninguna organización relacionada con el tema. Este libro no debe tomarse como un aval, asesoramiento legal o cualquier otra forma de consejo profesional. Este libro se ha escrito únicamente con fines de entretenimiento.

Introducción

El libro Jackie Robinson revela la extraordinaria vida de un icono del deporte estadounidense que trascendió las barreras raciales y redefinió el panorama de las Grandes Ligas de Béisbol (MLB). Nacido en El Cairo (Georgia) y criado en Pasadena (California), Robinson fue un atleta excepcional que practicó cuatro deportes y destacó en el fútbol americano antes de dejar su huella en la historia del béisbol.

Al romper la línea de color el 15 de abril de 1947, cuando empezó en primera base con los Dodgers de Brooklyn, la entrada de Robinson en la MLB marcó el fin de la segregación racial en el béisbol profesional. Incluido en el Salón de la Fama del Béisbol en 1962, el legado de Robinson va más allá de sus hazañas en el campo. Reclutado durante la Segunda Guerra Mundial, se enfrentó valientemente a la segregación en el ejército, lo que le valió una baja honorable.

La carrera de Robinson en la MLB incluyó el premio al Novato del Año en 1947, seis selecciones consecutivas para el Partido de las Estrellas y el premio al Jugador Más Valioso de la Liga Nacional en 1949, un logro sin precedentes para un jugador negro. Más allá del diamante, Robinson tuvo un profundo impacto en los derechos civiles, desafiando la segregación a través de su carácter, su enfoque no violento y su talento. El libro explora sus contribuciones posteriores al béisbol, desde convertirse en el primer analista de televisión negro de la MLB hasta sus innovadoras funciones en el mundo de los negocios.

Este libro ofrece un retrato exhaustivo de un pionero, arrojando luz sobre su duradera influencia en el deporte, los derechos civiles y la sociedad estadounidense.

Jackie Robinson

Jack Roosevelt Robinson, también conocido como Jackie Robinson, nacido el 31 de enero de 1919 en El Cairo, Georgia, y fallecido el 24 de octubre de 1972 en Stamford, Connecticut, fue un jugador de béisbol estadounidense que militó en las Grandes Ligas de 1947 a 1956. El 15 de abril de 1947, se convirtió en el primer jugador negro en jugar en las Grandes Ligas desde que los propietarios de los clubes lo tuvieran prohibido durante sesenta años en virtud de las sentencias del Tribunal Supremo de Estados Unidos. Incansable defensor de la igualdad, allanó el camino para la "Revolución de los Derechos Civiles".

Novato del Año en 1947, MVP de las Grandes Ligas y líder de la media de bateo en 1949 y All-Star en 1949, 1950, 1951, 1952, 1953 y 1954, fue elegido miembro del Salón de la Fama del Béisbol en 1962, en su primer año de elegibilidad. En 1999, fue incluido en el Equipo del Siglo. El número 42 que llevaba Robinson fue retirado de todas las franquicias de béisbol de la MLB el 15 de abril de 1997, un honor único. Desde 2004, la liga dedica el 15 de abril a la memoria de Robinson como *Día de Jackie Robinson*.

Entre las muchas obras dedicadas a Jackie se encuentra la canción de Buddy Johnson *Did You See Jackie Robinson Hit That Ball? que ha sido* versionada en numerosas ocasiones. La más conocida es la versión de Count Basie de 1949, con Taps Miller a la voz. La película *The Jackie Robinson Story fue* dirigida en 1950 por Alfred E. Green, con Jackie Robinson interpretándose a sí mismo; en 2012, Brian Helgeland dirigió *42*, con Chadwick Boseman como Jackie Robinson y Harrison Ford como Branch Rickey.

Biografía

Juventud y ocio

Jack Roosevelt Robinson nació el 31 de enero de 1919 en Cairo, Georgia, en plena epidemia de gripe española. Era el quinto hijo y el cuarto de Mallie Robinson y Jerry Robinson, aparceros de la plantación de James Madison Sasser en el condado de Grady, a pocos kilómetros de la frontera con Florida. Su madre eligió Roosevelt como segundo nombre en honor del Presidente Theodore Roosevelt, fallecido veinticinco días antes del nacimiento de Jackie. Después de que el padre abandonara el hogar familiar cuando Jackie tenía sólo seis meses, la familia Robinson se trasladó a Pasadena, en California, en 1920. Jackie pasó su infancia en un barrio pobre. Se dedicaba a pequeños hurtos, como robar en tiendas. Se hizo amigo del Capitán Morgan, jefe de la unidad de delincuencia juvenil de Pasadena. Jackie Robinson rindió homenaje a este policía en sus memorias, explicando, por ejemplo, que no dudaba en dar a los jóvenes un dólar si sospechaba que no habían comido en todo el día. Esta fue la primera figura de autoridad fuerte con la que Jackie se topó en su vida. La otra persona importante en su juventud fue su amigo Carl Anderson. Es él quien empuja a Jackie a poner fin a sus travesuras de adolescente.

Hermano de Matthew "Mack" Robinson, medalla de plata olímpica en los 200 metros detrás de Jesse Owens en 1936, Jackie Robinson fue un atleta polifacético durante su juventud. Jugó de shortstop y catcher en béisbol, de quarterback en fútbol americano, de base en baloncesto, y fue miembro de los equipos de atletismo y tenis del John Muir Technical High School y del Pasadena Junior College.

Comenzó sus estudios universitarios en la Universidad de California en Los Ángeles (UCLA) y jugó con éxito en los UCLA Bruins de 1939 a 1941, convirtiéndose en el primer estudiante de la UCLA con cuatro distinciones deportivas: atletismo, baloncesto, fútbol americano y béisbol. En baloncesto, fue el máximo anotador de la División Sur de la Conferencia de la Costa del Pacífico durante dos temporadas (1940 y 1941). En fútbol americano, lideró la nación en devoluciones de punt en 1939 (16,5 yardas de media) y 1940 (21 yardas de media). En dos temporadas, ganó 954 yardas en carreras y 449 en pases. Fue seleccionado para el equipo All-American de la NCAA a principios de 1941. En atletismo, batió el récord universitario de la Pacific Coast Conference en salto de longitud en su segundo año (7,62 m) y ganó el título de Campeón Universitario de Estados Unidos (NCAA) en Minneapolis, Minnesota. La lluvia impidió celebrar la competición al aire libre, por lo que se celebró bajo techo. Sólo jugó la temporada de 1940 con el equipo de béisbol de los Bruins. Después de un excelente primer partido, el 10 de marzo de 1940, con cuatro hits seguros, cuatro bases robadas y un exitoso robo de home plate, Jackie pasó a registrar actuaciones mediocres. Su promedio de bateo fue de sólo 0,097 y acumuló errores. Si recordamos el número 18 que llevaba en su camiseta de baloncesto o su número 28 en el fútbol americano, hemos perdido todo rastro del número que llevaba en el béisbol. En la UCLA, también fue un exitoso jugador de tenis de competición, golfista y nadador. Jackie Robinson fue uno de los 25 atletas de la UCLA homenajeados cuando la Universidad de California creó su Salón de la Fama del Deporte en 1965. Fue también en la UCLA donde conoció a su futura esposa, Rachel Isum.

Jackie abandonó la UCLA seis meses antes de finalizar sus estudios porque encontró trabajo en la Administración Nacional de la Juventud. Esta experiencia laboral se vio truncada y Jackie se dirigió a Honolulu para jugar al fútbol semiprofesional en el equipo de fútbol americano Honolulu Bears en otoño de 1941. Su contrato incluía un puesto en Pearl Harbor. Su llegada al equipo fue aclamada por la prensa local, que le apodó "Century Express". La temporada terminó el 3 de diciembre, y el 5 de diciembre Jackie embarcó en el *Lurline* para regresar a tierra firme. Todavía estaba en el mar durante el ataque japonés a Pearl Harbor.

Ejército (1942-1944)

Tras el ataque a Pearl Harbor el 7 de diciembre de 1941, Jackie Robinson intentó alistarse en el ejército, pero su solicitud fue rechazada. Los negros no eran bienvenidos en el ejército estadounidense. En 1939, había menos de 4.000 negros en el ejército y casi todos estaban relegados a trabajos de servicio, lejos de las armas (camareros o lavaplatos en cantinas y otros comedores, por ejemplo). Ante la presión de los militares, la Cruz Roja estadounidense incluso aceptó separar la sangre "negra" de la "blanca" en los bancos de sangre.

Robinson consiguió entonces un trabajo como camionero para Lockheed en Burbank, California.

El 23 de marzo de 1942, el presidente de Estados Unidos emitió instrucciones destinadas a integrar a los negros en el ejército. Robinson recibió una citación para presentarse en la armería de la Guardia Nacional en Pasadena el 3 de abril. Allí recibió su equipo militar y se sometió a un reconocimiento médico en Fort McArthur, en San Pedro, Los Ángeles. Fue considerado apto para el servicio y comenzó su entrenamiento militar unos días después en Fort Riley, en Kansas. Jackie permaneció allí trece semanas, la duración normal del entrenamiento. Allí conoció al boxeador Joe Louis y los dos deportistas se hicieron amigos rápidamente. Louis, que se había presentado voluntario para unirse a Robinson, estaba en la cima de su fama. Robinson quedó muy impresionado por la calma y la modestia de Louis, que era adulado tanto por negros como por blancos en Estados Unidos. Jackie admitió que había aprendido mucho del "Bombardero Marrón".

Con o sin la ayuda de Joe Louis, según la versión, Jackie consiguió entrar en la escuela de oficiales, de la que hasta entonces habían sido excluidos los soldados negros. Era lo bastante fuerte física y académicamente como para cumplir los requisitos. Se graduó como subteniente el 28 de enero de 1943.

Jackie siempre había sufrido un dolor recurrente en el tobillo derecho, pero en el otoño de 1943 se torció fuertemente la articulación dos veces. Fue examinado en octubre de 1943 e ingresado en el hospital Fort Sam Houston de San Antonio, Texas, el 5 de enero de 1944. Los médicos propusieron declararlo físicamente no apto para el servicio militar el 28 de enero de 1944. Sin embargo, Jackie no fue dado de alta, ya que se programó un nuevo examen seis meses después. El 26 de junio fue declarado apto. Lo que estaba en juego era su traslado a Europa para participar en operaciones. Mientras esperaba su traslado a Europa, Robinson sufrió un incidente que acortaría su carrera militar.

El 6 de julio, se negó a obedecer la orden de un conductor de autobús de sentarse en la parte trasera del autobús, no delante, ya que estos asientos estaban reservados para los soldados blancos. Robinson siguió el ejemplo de Joe Louis y Sugar Ray Robinson, que también se habían negado a obedecer las nuevas normas militares unos días antes. Jackie fue detenido por la policía militar el 24 de julio y encarcelado. Fue juzgado en consejo de guerra el 2 de agosto y absuelto.

El 24 de agosto fue destinado al 761 Tank Battalion, pero esta unidad, apodada *Black Panthers,* ya estaba de camino a Europa. Desembarcó en Omaha Beach el 10 de octubre. Formaba parte del Tercer Ejército del general Patton y fue la primera unidad militar negra estadounidense en entrar en acción. Jackie no estuvo presente, probablemente debido a las obstrucciones de sus superiores durante el verano de 1944. Su tardío destino al batallón, tres días después de un extraño destino al Batallón de Destructores de Tanques 659, sugiere que Robinson fue deliberadamente marginado por sus superiores, que se vieron enfrentados a sus contradicciones durante la prueba. Robinson estaba harto del ejército. Fue licenciado de sus obligaciones militares el 28 de noviembre de 1944.

Monarcas de Kansas City (1945)

Robinson abandonó el ejército y se convirtió en entrenador del equipo de baloncesto del Samuel Huston College de Austin (Texas) durante el invierno de 1944-1945, antes de incorporarse a los Kansas City Monarchs (Ligas Negras). Entró en contacto con Hilton Smith, que le invitó a los entrenamientos de primavera de los Monarchs. Robinson, que no jugaba al béisbol competitivo desde 1940, firmó con los Monarchs en marzo de 1945. En cuanto terminaron los entrenamientos de primavera, se hizo con un puesto de titular en los Monarchs y se convirtió en el joven jugador a tener en cuenta por los ojeadores. Pronto tuvo una prueba en Boston para los Red Sox (16 de abril), pero a pesar de sus buenas actuaciones durante esta prueba, los Red Sox no siguieron. Boston estuvo a punto de convertirse en la primera franquicia de las Grandes Ligas en integrar a un jugador negro, pero al final fue la última en hacerlo. La situación se complicó durante la guerra, ya que los dirigentes del béisbol se fueron dando cuenta poco a poco del carácter intolerable de estas distinciones racistas. En 1942, el muy racista juez Landis declaró que no había ninguna regla que prohibiera a los negros jugar en las Grandes Ligas. Oficialmente, no... El acuerdo alcanzado en 1887 por los propietarios de las franquicias para excluir a los jugadores negros de sus ligas se mantuvo en la fase de pacto de caballeros y se aplicó escrupulosamente durante seis décadas. Durante este periodo, los jugadores negros se limitaron a jugar en las Ligas Negras.

En un viaje con los Monarchs, Robinson pide ir al baño en una gasolinera. El empleado se negó, ya que los aseos estaban reservados para los blancos. Jackie Robinson detuvo entonces el suministro de combustible en curso para el entrenador de su equipo y el empleado del surtidor cedió. A partir de entonces, cada vez que su equipo paraba en las estaciones de servicio para repostar, todos los jugadores del Monarch pedían ir al servicio, indicando que si se negaban, su entrenador no repostaría en esa estación.

Robinson, un excelente jugador joven, tenía una media de bateo de 0,345 y participó en el Partido de las Estrellas Este-Oeste organizado por las Ligas Negras. Jugó para el equipo del Oeste, que ganó 9-6. En cuanto a su juego, asimiló perfectamente las estrategias típicas de las Ligas Negras, basadas en un juego de bases muy dinámico. El robo de bases y otras tácticas para desestabilizar a los defensas no tenían secretos para él. Como dice Buck

O'Neil, Jackie será el primero en importar este juego típico de las Ligas Negras a las Grandes Ligas.

Reales de Montreal (1946)

Jackie Robinson fue reclutado el 23 de octubre de 1945 por Branch Rickey, director general de los Brooklyn Dodgers (Grandes Ligas de Béisbol). Rickey, un hombre muy urbanita, pasó dos horas a solas con Jackie, explicándole el calvario que le esperaba. Rickey acribilló largamente a Jackie con insultos racistas, le puso en situaciones en las que sería objeto de reacciones vejatorias u odiosas, y le preguntó si podía permanecer impasible durante al menos tres años. Ese es, según Rickey, el tiempo que tardarán el público y los medios de comunicación en aceptar esta revolución. Robinson se negó a dar su respuesta inmediatamente y pidió un día para pensárselo. Al día siguiente, aceptó el reto.

Como joven casado, Jackie Robinson, que contrajo matrimonio con Rachel Isum el 10 de febrero de 1946 en Los Ángeles, aún necesitaba orientarse; jugó una temporada en las ligas menores con los Montreal Royals, un club de la Liga Internacional (AAA) afiliado a los Dodgers. El viaje a Quebec fue también una oportunidad para comprobar las reacciones del público, los medios de comunicación y los jugadores. Cuando Rickey anunció la llegada de Robinson al mánager de los Royals, Clay Hopper, a éste no le entusiasmó demasiado la idea de trabajar con un jugador negro. El hombre del sur llegó a preguntar a Rickey: "¿De verdad cree que los negros son humanos? Pronto cambia de opinión cuando conoce a Robinson...

Robinson completó su formación jugando sucesivamente en todas las posiciones del infield durante los entrenamientos de primavera de los Royals. Sorprendió a sus entrenadores y compañeros con su capacidad para integrar rápidamente los diferentes aspectos de estas posiciones. Al Campanis, otro jugador de campo de los Royals, resumió así la fase de aprendizaje de Jackie: "Aprendió a hacer bien un pivote en doble jugada en menos de media hora".

Jackie debutó en un partido amistoso de preparación el 17 de marzo en Daytona Beach, ante 4.000 espectadores, entre ellos unos 1.000 negros. El 21 estaba previsto un partido en Jacksonville. Las autoridades deportivas locales señalaron que los jugadores negros no podían jugar con los blancos, y Rickey prefirió cancelar el partido. A continuación se cancelaron otros partidos en Savannah, Richmond y DeLand. Lejos de resignarse a la situación, Rickey fichó a otros dos jugadores negros: Roy Campanella y Don Newcombe para la temporada siguiente. La causa de la integración recibió entonces el apoyo de la franquicia de Los Angeles Rams de la National Football League (NFL), que anunció en marzo el fichaje de Kenny Washington, el primer jugador negro de la historia de la NFL. Washington había formado equipo con Jackie en los UCLA Bruins. Junto con Woody Strode, formaron el *trío Gold Dust* de la UCLA.

La temporada de 1946 de Robinson con los Royals fue cubierta día a día por los medios de comunicación nacionales: el público negro olvidó la existencia de las Ligas Negras, que hicieron de Robinson su héroe en 1946, mientras que el público blanco seguía con pasión este audaz intento en un país profundamente marcado por la segregación. Y en su primer partido de liga, el 18 de abril de 1946, no decepcionó a sus seguidores al batear un jonrón.

Como era de esperar, las reacciones racistas fueron muy violentas. Robinson y Rickey se vieron inundados de sacas de correo llenas de mensajes de odio. En los estadios, los aficionados contrarios no se contuvieron a la hora de expresar su hostilidad. En el campo, los jugadores contrarios se complacían en multiplicar sus malos gestos hacia él. La presión sobre Robinson era considerable. Todo el mundo era consciente de que cruzaría la línea negra de la segregación al comienzo de la temporada de 1947, pero algunos no estaban dispuestos a admitirlo. Desde julio de 1946, un comité de las Grandes Ligas había estado considerando oficialmente la "cuestión racial". Larry MacPhail, entonces miembro de la oficina principal de los New York Yankees, hizo que el tema se incluyera en el orden del día de una reunión convocada para considerar la evolución del juego. MacPhail era partidario de la segregación, señalando que permitir jugadores negros provocaría un aumento del número de aficionados negros, lo que, en su opinión, llevaría a una reducción del valor de las franquicias.

Jackie llevó a los Royals al título de la Liga Internacional y luego al de la Triple A. Estos éxitos provocaron una ola de histeria colectiva en Montreal, donde Robinson era claramente adorado. Incluso fue perseguido por una multitud entusiasta deseosa de mostrarle su afecto, lo que inspiró al periodista *del Pittsburgh Courier* Sam Maltin: "Probablemente fue el único día en la historia en que un negro huyó de una multitud de blancos que le perseguían por amor y no para lincharle".

La temporada de Jackie Robinson con los Royals de Montreal fue designada acontecimiento histórico en virtud de la Ley de Patrimonio Cultural de Quebec, a propuesta de la ciudad de Montreal.

Dodgers de Brooklyn (1947-1956)

En términos deportivos, Jackie Robinson fue uno de los mejores jugadores de la historia del deporte. Ayudó a los Dodgers a pasar de perdedores a campeones, ganando el campeonato de la Liga Nacional en seis ocasiones (1947, 1949, 1952, 1953, 1955 y 1956).

Robinson dejó los Dodgers al final de la temporada de 1956, agotado por diez años de lucha constante.

Se rompe la línea negra (15 de abril de 1947)

El invierno de 1946-1947 fue difícil para Robinson, que seguía sin saber si Rickey sería capaz de forzarle a entrar en la alineación de los Brooklyn Dodgers en las Grandes Ligas. El nacimiento de Jackie Junior el 18 de noviembre de 1946 le impulsó a buscar ingresos durante la temporada baja. Firmó para el invierno con los Red Devils de Los Ángeles, un equipo de baloncesto semiprofesional. Jugó sobre todo contra George Mikan, experimentando las peores dificultades contra este futuro gigante de la National Basketball Association (NBA), antes de optar por interrumpir el experimento a principios de enero debido a pequeños problemas físicos.

Rickey organizó especialmente los entrenamientos de primavera de los Dodgers en 1947. Alertado por las negativas a jugar de las ciudades del Sur, prefirió trasladar la preparación de la temporada a Cuba y Panamá. Otros tres jugadores negros figuraban en la lista de los Dodgers: Roy Campanella, Don Newcombe y Roy Partlow. Los preparativos para la temporada transcurrieron sin problemas en Cuba, pero las reacciones de los soldados blancos estadounidenses destinados en Panamá fueron mucho más problemáticas. Robinson respondió con jonrones y bases robadas. También se ponchó cuatro veces en un partido. Las crónicas de los partidos publicadas por la prensa neoyorquina hacían especial hincapié en las actuaciones de Jackie.

La principal oposición a la integración de Jackie en el béisbol de las Grandes Ligas procede de algunos Dodgers. Encabezada por jugadores del Sur, durante la gira panameña se hizo circular entre los jugadores una petición en la que se pedía que se respetara la segregación en el béisbol. A pesar de haber nacido en Kentucky, Pee Wee Reese se negó a firmar la petición, declarando: "Si ocupa mi lugar, se lo habrá ganado". La cábala terminó en mitad de la noche. El entrenador de los Dodgers, Léo Durocher, dio a sus jugadores un severo sermón en dos partes. Puso fin definitivamente al debate sobre el color de la piel anunciando: "Me da igual que un tío sea amarillo o negro, o que tenga rayas como una puta cebra". Antes de añadir: "Yo soy el entrenador de este equipo, y yo digo que juegue. Es más, él (Robinson) puede hacernos ricos a todos".

Tras la polémica suspensión de Léo Durocher el 9 de abril, los Dodgers se quedaron sin entrenador pocos días antes del inicio de la temporada. Sin embargo, el 10 de abril anunciaron que Robinson se incorporaría a su plantilla.

Jackie jugó su primer partido con los Dodgers el 11 de abril en un partido de exhibición de pretemporada contra los Yankees de Nueva York en el Ebbets Field. Jugó en la primera base y no bateó ningún hit en cuatro turnos.

Robinson jugó por primera vez en las Grandes Ligas con los Dodgers el 15 de abril, en el partido inaugural de la temporada de 1947. Ante 25.623 espectadores en Ebbets Fields, Jackie no bateó ningún sencillo en tres turnos. Sin embargo, los Dodgers ganaron 5-3 a los Boston Braves. Era la primera vez que una franquicia de las Grandes Ligas alineaba a un jugador negro desde 1884. El partido fue celebrado por los medios de comunicación negros, desde el *Pittsburgh Courier hasta* el *Chicago Defender* y el *Afro-American*. Los periódicos blancos se mantuvieron bastante neutrales sobre lo que el *New York Times* calificó de partido *"bastante anodino"* en la mañana del 16 de abril. La mayor parte de la prensa deportiva blanca se mantuvo en la misma línea durante toda la carrera de Robinson. La integración no era un tema que dominaran los periodistas deportivos blancos; trataban a Jackie principalmente como un jugador de béisbol.

La temporada de 1947

Después del partido inaugural de la temporada, los Dodgers juegan otro partido en casa antes de salir a la carretera para enfrentarse a sus vecinos los New York Giants en el Polo Grounds de Harlem. Nombrado entrenador el 18 de abril, Burt Shotton aún no estaba seguro de si Robinson sería titular toda la temporada. Cuando el periodista Red Barber le preguntó al respecto antes del primer partido en el Polo Grounds, Shotton se conformó con un "¡Ni siquiera tengo una habitación de hotel para dormir esta noche! Los vínculos de Robinson con al menos dos grupos de izquierda desde 1946 también plantearon un problema. Rastreado por la Oficina Federal de Investigación (FBI), figuraba en las listas de sospechosos de actividad comunista. A este respecto, Jackie es muy claro en uno de sus telegramas: "Lo considero un gran honor". Su margen de maniobra en este ámbito sólo está limitado por su relación con Branch Rickey. Branch Rickey interviene, pero Jackie le corta y le dice que su primera pelea es la que tienen en común. Con este telón de fondo, los Dodgers viajaron a Harlem, donde la comunidad negra estaba masivamente presente en las gradas, inspirando incluso a Langston Hughes para escribir un famoso poema, *Passing.* La afluencia de público fue aún mayor al día siguiente, con un récord de 52.335 espectadores de pago que asistieron a un partido jugado un sábado en el Polo Grounds. A pesar de los dos buenos partidos de Robinson, que hizo las delicias del público, los Dodgers perdieron. Jackie registró un promedio de bateo de 0,429 tras una semana de competición. Estas actuaciones al menos pusieron fin definitivamente al debate sobre Jackie con los Dodgers: efectivamente, será titular.

Más problemático es el recibimiento de Filadelfia en el Ebbets Field del 22 de abril. El mánager Ben Chapman y al menos tres jugadores de los Phillies son especialmente hirientes en sus comentarios. Por primera vez en su carrera en las Grandes Ligas, Robinson quiso claramente resolver la disputa a puñetazos, pero se abstuvo. La situación continuó durante los tres partidos entre Brooklyn y Filadelfia. Chapman sabía que Robinson había prometido a Rickey que no se enfadaría, así que le presionó. El muy conservador *Sporting News*, que durante mucho tiempo había hecho campaña para que el béisbol siguiera siendo segregado, denunció estos insultos racistas. Hubo una reacción similar por parte de la prensa blanca de Filadelfia. El periodista deportivo más famoso de la época era Walter Winchell. Fue mordaz en la radio: "Cualquiera que no quiera estar en el mismo campo de béisbol que Robinson no pertenece al mismo país que él". Varios espectadores que se encontraban cerca del banquillo de los Phillies informaron espontáneamente a las autoridades de lo que habían oído. El comisionado de béisbol, Albert "Happy" Chandler, advirtió a Chapman que si cometía otra infracción, sería castigado. Robinson eludió la cuestión en su nueva columna para el *Pittsburgh Courier*, afirmando que los insultos de Chapman no le habían afectado. Se pone, con toda razón, en el lugar del agredido, que tiene la inteligencia de no responder a las provocaciones, como señalan todos los medios de comunicación.

Hubo más incidentes del mismo tipo, pero Jackie recibió todo el apoyo de sus compañeros. En los viajes a Cincinnati y Boston, Pee Wee Reese se echó a Robinson al hombro ante el odio de los aficionados rivales, demostrando a sus detractores que apoyaba plenamente su lucha. Reese y Robinson se hicieron rápidamente amigos íntimos. Ralph Branca tuvo el mismo gesto en San Luis. Al final de la temporada, Jackie y Joe Garagiola, Sr., catcher de los Cardinals de San Luis, llegaron a las manos, pero una rápida intervención del árbitro evitó que el incidente fuera a mayores. En la undécima entrada, fue con el primera base de los Cardinals, Enos Slaughter, con quien Robinson se enfrentó. En su siguiente turno al bate, Jackie conectó un jonrón con un hombre en base, dando a los Dodgers la victoria por 4-3.

En el conjunto de la temporada, Robinson registró una media de bateo de 0,297 y desempeñó un papel decisivo en el campeonato de la Liga Nacional. Jugó en primera base y fue nombrado mejor novato del año por *Sporting News*, que acababa de crear este nuevo trofeo. Jackie quedó quinto en la votación al mejor jugador de la temporada de la Liga Nacional.

En el prefacio de su autobiografía, Robinson subraya el orgullo que sintió al convertirse en el primer jugador negro en participar en unas Series Mundiales. Para él, las Series fueron más importantes que su debut el 15 de abril. La Serie Mundial de 1947 enfrentó a los Dodgers con los Yankees de Nueva York y marcó el comienzo de la última edad de oro del béisbol neoyorquino (1947-1957). El séptimo y último partido de la serie se celebró el 6 de octubre en el Yankee Stadium. Los Yankees ganaron por 5-2.

Una encuesta realizada tras la temporada de 1947 situaba a Jackie como la segunda personalidad masculina favorita de Estados Unidos, por detrás de Bing Crosby. La apuesta de Branch Rickey estaba a punto de dar sus frutos.

Temporada 1948

Durante el invierno, Jackie fue operado de un osteofito en el tobillo derecho. Un mes más tarde, participó en una gira que resultó desastrosa para su salud.

Los entrenamientos de primavera de los Dodgers comienzan en el Caribe, República Dominicana y Puerto Rico, y terminan en Estados Unidos, en Vero Beach, Florida. Los Dodgers han adquirido antiguos edificios militares para que Jackie Robinson y otros jugadores negros del club puedan dormir en ellos. El Estado de Florida sigue siendo muy rígido en materia de segregación y prohíbe que blancos y negros duerman bajo el mismo techo. Con los barracones militares, los Dodgers sortearon este obstáculo.

Jackie ha engordado mucho durante el invierno como consecuencia de sus problemas de salud, y su juego se está resintiendo por ello. Leo Durocher, de vuelta tras su suspensión de un año, le criticó duramente durante los entrenamientos de primavera. Robinson aceptó los comentarios de su entrenador: "Creo que Durocher tiene razón", y trabajó para volver a su peso de combate.

Robinson cambió de posición de la primera a la segunda portería. Su comienzo de temporada fue flojo. Ni un robo de base en los dos primeros meses de competición y un promedio de bateo de 0,276. Durocher no dudó en dejarlo en el banquillo de vez en cuando. La llamada de atención llegó el 24 de junio en un partido contra los Piratas de Pittsburgh. Bateó un decisivo grand slam en la parte baja de la novena entrada, y su temporada dio un nuevo giro. Terminó con un promedio de bateo de .296

para 85 carreras anotadas y 108 carreras impulsadas. Los Dodgers tuvieron una temporada decepcionante, terminando terceros en la Liga Nacional por detrás de Boston y San Luis.

Las reacciones de Jackie en los partidos cambiaron a partir de agosto de 1948. Dos incidentes en partidos contra los Chicago Cubs y los Pittsburgh Pirates marcaron el final del periodo de silencio voluntario de Robinson. Como en agosto de 1948, ya no dudó en enfrentarse a los árbitros. En sus memorias, Robinson agradeció al árbitro que le expulsara durante el partido de Pittsburgh "no por ser negro, sino como a cualquier otro jugador intolerable". Al día siguiente del incidente, la prensa tituló irónicamente "Robinson, un tipo más", lo que llenó de orgullo a Jackie. En sus memorias, incluso cita este titular como el mejor que se ha escrito sobre él, porque, por irónico que sea, está totalmente en consonancia con su filosofía igualitaria.

Temporada 1949

Durante la temporada baja, Jackie recibió un aumento de sueldo. Esperaba 20.000 dólares por temporada y obtuvo 17.500, una suma modesta comparada con los salarios que pagaban algunos clubes, pero significativa en términos de los Dodgers.

Con un promedio de bateo de 0,361 el 1 de julio, Robinson era la elección lógica para participar en el Partido de las Estrellas. Recibió 1.891.212 votos; sólo Ted Williams lo hizo mejor. En este prestigioso partido, celebrado en el Ebbets Field el 13 de julio, Jackie jugó junto a otros jugadores negros de los Dodgers: Roy Campanella y Don Newcombe.

Ayudado por el hecho de que otros jugadores negros actuaban ahora con regularidad en las Grandes Ligas, Robinson sintió algo menos de presión. Sus resultados en 1949 fueron indicativos de esta nueva serenidad: un promedio de bateo de .342, el mejor rendimiento del año en la Liga Nacional, 37 bases robadas y 122 carreras anotadas. Lógicamente, heredó el título de mejor jugador de la temporada en la Liga Nacional, mientras los Dodgers ganaban otro banderín de campeón de la Liga Nacional. La temporada terminó con una derrota por 4-1 ante los Yankees en las Series Mundiales.

Durante la temporada baja, los *Jackie Robinson All-Stars realizaron* una breve gira, y Jackie firmó entonces un contrato con la cadena de televisión WJZ-TV para presentar dos programas semanales: el de los jueves presenta entrevistas, principalmente con deportistas, mientras que el de los sábados por la tarde está dirigido a los jóvenes. También tiene una columna deportiva diaria en la cadena nacional de radio ABC.

Fuera del béisbol, el año estuvo marcado por la controversia política. En abril, el actor y cantante negro Paul Robeson declaró en una conferencia en París que los negros estadounidenses no apoyarían a Estados Unidos en caso de guerra con la URSS. Jackie Robinson fue invitado a hablar sobre este tema ante el *Comité de Actividades Antiamericanas de la Cámara de Representantes (*HUAC), pero no le entusiasmaba la idea de oponerse a Robeson, que estaba librando la misma batalla por la igualdad que él. La audiencia tuvo lugar el 18 de julio. Para evitar el obstáculo, Jackie señaló que la política no era su punto fuerte, y luego mencionó el "canto de sirena" comunista. Este pasaje fue poco apreciado por los medios de comunicación negros, que se refirieron a la trampa tendida a Jackie por el HUAC. Robeson se negó a discutir con Robinson. "No tengo ninguna disputa con Jackie", dijo, contentándose con señalar que había anunciado el fichaje de Jackie por los Dodgers en un concierto, antes de añadir: "Creo que el Comité de la Cámara insultó a Jackie, me insultó a mí e insultó a todos los negros".

Temporada 1950

En febrero, Jackie rodó la película *The Jackie Robinson Story* y luego se incorporó al campo de entrenamiento de los Dodgers en Vero Beach. Su salario aumentó a 35.000

dólares para la siguiente temporada, con lo que se convirtió en el jugador mejor pagado de los Dodgers.

Mientras Vin Scully se unía a Red Barber en la cabina de comentaristas de los Dodgers, Robinson tenía una columna semanal de quince minutos los domingos por la noche en la cadena nacional de radio ABC. Nueve jugadores negros juegan ahora en las Grandes Ligas, cuatro de ellos en Brooklyn: Robinson, Roy Campanella, Don Newcombe y Dan Bankhead. Después de los Dodgers, dieron el paso los Cleveland Indians (Larry Doby, desde el 5 de julio de 1947), los St Louis Browns (17 de julio de 1947), los New York Giants (8 de julio de 1949) y los Boston Braves (18 de abril de 1950).

El 11 de julio, Robinson fue seleccionado para su segundo Partido de las Estrellas. Dos semanas después, bateó cinco jonrones en seis turnos en una victoria por 11-6 contra los Pirates en Pittsburgh.

Los Dodgers tuvieron un mal final de temporada y terminaron a dos victorias de los Philadelphia Athletics en la Liga Nacional. Jackie, que sólo ha robado 12 bases esta temporada, quedó 15º en la votación al mejor jugador de la temporada.

Tras esta decepcionante temporada, los Dodgers cambiaron de propietario con la llegada de Walter O'Malley el 24 de octubre. El cambio fue significativo para

Robinson, ya que supuso el despido de Branch Rickey, que se trasladó a los Pittsburgh Pirates. O'Malley llegó a multar a las personas que nombraban a Rickey en su presencia. Jackie estaba consternado y mantuvo una estrecha relación con Rickey hasta su muerte en 1965. La prensa informó de que se marchaba a los Giants de Nueva York, pero permaneció leal a los Dodgers. Aceptó la temporada de 1951 por 39.750 dólares.

Temporada 1951

Otro incidente el 31 de mayo. En el Ebbets Field contra los Filis de Filadelfia, Robinson chocó fuertemente con el lanzador de los Filis Russ Meyer. En el plato, Meyer intentó en vano bloquear a Jackie golpeándole con fuerza en el pecho. Los dos hombres acordaron reunirse después del partido para resolver la disputa, y Meyer se disculpó con Robinson durante su encuentro en la casa club de los Dodgers.

Seleccionado por tercera vez para el Partido de las Estrellas y sexto en la votación al mejor jugador de la temporada, Jackie tuvo que conformarse con otro segundo puesto en la Liga Nacional con los Dodgers. Sin embargo, Brooklyn estaba volando alto en la temporada de 1951, y aventajaba en trece victorias a los Giants de Nueva York en pleno verano. Pero los Giants volvieron a la cima. El jonrón de 14 carreras de Jackie contra los Phillies en el último partido de la temporada regular hizo que los

Dodgers volvieran a empatar con los Giants. Se llegó a un desempate, o más bien a tres, ya que se decidió que el título de la Liga Nacional se decidiría al mejor de tres entradas. Los Giants ganaron la primera y los Dodgers la segunda, barriendo a sus rivales por 10-0. Jackie ponchó a tres en cinco turnos al bate, conectó un jonrón y anotó tres carreras. El tercer partido fue decisivo. Este partido, jugado en el Polo Grounds el 3 de octubre, es uno de los más legendarios de la historia de las Grandes Ligas. Wall Street llegó a suspender sus operaciones durante el partido. Los Dodgers lideraron durante mucho tiempo y parecían haber asegurado su victoria, anotando tres carreras en la parte alta de la octava entrada para tomar una ventaja de 4-1. Sin embargo, los Giants dieron la vuelta al marcador en la parte baja de la novena entrada y ganaron por 5-4.

Temporada 1952

El inicio de la temporada estuvo marcado por el nacimiento de su tercer y último hijo, David, el 14 de mayo de 1952. Unos días antes, estalló un asunto en el que estaban implicados Jackie, el árbitro Frank Dascoli y el nuevo presidente de la Liga Nacional, Warren Giles. Giles emitió un duro comunicado contra Jackie tras una disputa entre Robinson y el árbitro Frank Dascoli justo al final de la temporada de 1951, durante el partido del 27 de septiembre. Giles, que no ocultaba su antipatía hacia

Jackie, le acusó de haber hecho comentarios racistas al árbitro. Robinson negó la acusación, pero Giles hizo caso omiso. Walter O'Malley apoyó a su jugador, y Giles sorprendió a todos hablando en la ceremonia de entrega del premio al Mejor Jugador de Roy Campanella el 13 de mayo. Tras felicitar al receptor de los Dodgers, añadió: "y la Liga también está muy orgullosa de Jackie Robinson". A pesar de esta disculpa pública, el asunto Dascoli dañó la imagen de Robinson. Él es consciente de ello, pero la injusticia, en la vida o en un campo de béisbol, le resulta insoportable: "Cuando un árbitro comete un error evidente, exploto automáticamente. No puedo contenerme".

Seleccionado de nuevo para el Partido de las Estrellas, donde conectó un jonrón y terminó séptimo en la votación al mejor jugador de la temporada, Jackie, que registró un promedio de bateo de .308 en la temporada regular, redescubrió la emoción de las Series Mundiales tras su título de la Liga Nacional. Los Dodgers perdieron otros siete partidos contra los Yankees, perdiendo su oportunidad en el último partido. Robinson bateó en la séptima entrada con las bases llenas y sólo un bateador fuera. Sólo logró un hit, que ni siquiera salió del infield. Los Dodgers perdieron este partido decisivo por 4-2.

Temporada 1953

A partir de mayo de 1953, Jackie colaboró en una nueva revista deportiva mensual, *Our Sports*, dirigida principalmente al público negro. El amigo de Jackie, Joe Louis, y el periodista favorito, Roger Kahn, también contribuyeron con artículos a la revista.

Jim Gilliam, que durante un tiempo compartió habitación con Jackie en los desplazamientos, se estableció como titular en la segunda base con la ayuda y el apoyo de Robinson. Jackie sigue siendo el mejor segunda base de los Dodgers, pero prefiere dejar su puesto al joven Gilliam y jugar donde se le necesita, principalmente en el campo exterior. Esta elección enturbió la votación para el Partido de las Estrellas, ya que no estaba claro a qué posición podía optar Jackie. El resultado no fue sorprendente: Jackie sólo fue suplente en el Partido de las Estrellas. Terminó 12º en la votación al mejor jugador de la temporada, con un promedio de bateo de 0.329 y 95 puntos anotados. Él y sus compañeros celebran otro campeonato de la Liga Nacional. En la Serie Mundial, los Dodgers pierden 4-2 ante los Yankees. Gilliam, el joven protegido de Robinson, es nombrado mejor novato de la Liga Nacional.

En otoño de 1953, Robinson se puso en contacto con la Conferencia Nacional de Cristianos y Judíos (NCCJ), a la que se afilió en enero de 1954. Esta organización, fundada en 1927, trabajaba para unir a las personas a pesar de las diferencias raciales o religiosas. La pertenencia de Robinson a la NCCJ le dio un perfil nacional que ayudó a su trabajo. Para Jackie, fue el primer paso hacia organizaciones que se ocupaban de cuestiones relacionadas con los derechos civiles.

Temporada 1954

El 23 de abril, Jackie se dio a conocer en un partido contra los Pittsburgh Pirates. En la decimotercera entrada, consiguió la victoria por 6-5 robando dos bases y el home. "Consiguió el punto él solo", dijo el periodista Robert Creamer.

La última aparición de Jackie en el Juego de las Estrellas. Juega en el jardín izquierdo. Como equipo, los Dodgers terminan segundos en la Liga Nacional, cinco victorias detrás de los Gigantes de Nueva York. Robinson mantuvo su promedio de bateo en 0.311, pero registró el peor desempeño de su carrera en bases robadas, con sólo siete. Los malos resultados de los Dodgers provocaron un deterioro de las relaciones entre él y Walter O'Malley. Jackie estaba cansado de jugar al béisbol y empezó a planear su retirada. Le afectó especialmente un incidente en un partido jugado unas semanas antes en Chicago. Fue expulsado del campo por protestar y no apreció en absoluto el sarcasmo de Walter Alston, mánager de los Dodgers desde el inicio de la temporada. Para financiar la compra de su nueva casa en Stamford, Connecticut, se resignó a continuar su carrera. Corrían rumores sobre su fichaje. El *Pittsburgh Courier* llegó a anunciar su inminente fichaje por los Pittsburgh Pirates, pero en realidad era con los Dodgers con quienes jugaría la temporada de 1955. Jackie cometió el error de airear sus sentimientos en una entrevista publicada en la revista *Look* durante la temporada baja. The *Sporting News* reaccionó con dureza, acusándole de "ingratitud hacia el béisbol".

Temporada 1955

A pesar de la tormentosa relación entre los jugadores de los Dodgers, liderados por Robinson, y su entrenador Walter Alston, Brooklyn tuvo un buen comienzo con diez victorias consecutivas. Sin embargo, a sus 36 años, Jackie fue incapaz de mantener su promedio de bateo. Con 0,256, su promedio de bateo fue el peor de su carrera. Las lesiones de codo y rodilla también lo mantuvieron en la enfermería. Por primera vez desde 1949, Jackie no fue seleccionado para jugar en el Juego de Estrellas de mitad de temporada. Sin embargo, los Dodgers consiguieron fácilmente otro título de la Liga Nacional al terminar 13,5 victorias por delante de sus subcampeones, los Milwaukee Braves.

Los New York Yankees se enfrentan de nuevo a los Dodgers en las Series Mundiales. La prensa se preguntaba si Alston dejaría de lado a Robinson, pero las opiniones seguían siendo favorables a Jackie. Leo Durocher declaró que "los Dodgers aún no están preparados para ganar sin Robinson". A pesar de los esfuerzos de Jackie por robar home en el primer partido, el equipo del Bronx ganó los dos primeros partidos de la Serie, y se encaminaba a su decimoséptima victoria desde 1923. Para sorpresa de todos, los Dodgers remontaron, y la decisión se tomó en el séptimo partido. Se celebró el 4 de octubre en el Yankee Stadium ante 62.465 espectadores. Con la ayuda de sus compañeros en el outfield, el lanzador Johnny Podres no permitió ninguna carrera a los bateadores de los Yankees; los Dodgers ganaron 2-0 y, por fin, las Series Mundiales. El carisma de Robinson y su papel como jugador clave en la victoria de los Dodgers en las Series Mundiales fueron esenciales. Para los aficionados de Brooklyn, "Éste era el año" que llevaban esperando demasiado tiempo, y Jackie fue celebrado durante mucho tiempo, a pesar de su pésimo promedio de .186 en la Serie contra los Yankees. Tras la victoria, en los pasillos del Yankee Stadium, Robinson y Alston se estrecharon la mano fraternalmente y Jackie le dijo: "Quiero que sepas que he disfrutado sinceramente estando contigo este año". Los periodistas que presenciaron la escena quedaron muy sorprendidos e interrogaron a Robinson en el acto. Él explica: "He tenido problemas con Alston, pero quiero rendirle homenaje. Estoy impresionado por la forma en que ha dirigido estas series.

Temporada 1956

El día de la inauguración de la temporada de 1956, Jackie bateó un jonrón. Pero se escucharon silbidos desde las gradas. El partido en casa se jugaba en Jersey City, y Jackie no estaba a favor de estos partidos trasladados. De hecho, Walter O'Malley estaba tanteando las reacciones de los aficionados de Brooklyn con vistas a un futuro traslado... Quería que se jugasen media docena de partidos en Jersey City cada temporada. El campanalismo de los aficionados de Jersey City y una buena dosis de racismo explican el vigor de los silbidos. Era una época muy violenta para los negros que intentaban hacer valer sus derechos. Los segregacionistas no bajaban los brazos, y los ataques contra Robinson eran más hirientes que nunca. El editorialista Bill Keefe lo describió como un "enemigo de su raza". Jackie, acusado de arrogancia, recibió el apoyo de Ted Williams, con diferencia el jugador más arrogante de la historia del juego. Williams llegó incluso a escupir abiertamente a los aficionados de su equipo, los Red Sox, en varias ocasiones cuando le lanzaban insultos. Su club le impuso una multa de 5.000 dólares, pero se negó a pagarla. Un mes después, se aprobó una ley que prohibía los insultos, racistas o de otro tipo, a los aficionados. Más tarde, Williams dijo de Robinson: "Que yo sepa, ningún deportista ha pasado por lo que ha pasado Jackie Robinson. Tenía muchas agallas".

Redescubriendo parte de su juego con un promedio de bateo de 0,275, Jackie terminó 16º en la votación al mejor jugador de la temporada y ayudó a los Dodgers a ganar otro título de la Liga Americana. Los Yankees ganaron la Serie Mundial por cuatro a tres.

Tras las Series Mundiales, los Dodgers hicieron una gira por Japón. Muy bien recibido por los aficionados japoneses, Robinson les ofreció un béisbol bueno y comprometido en el campo. Se convirtió en el primer jugador de los Dodgers expulsado de un partido jugado en Japón. Una expulsión se consideraba una forma de infamia en Japón, pero no en el caso de Jackie. Los aficionados japoneses, que conocen muy bien su carrera, saben que "Robin-San" tiene el "espíritu de los samuráis". De hecho, recibió una carta de agradecimiento del embajador de Estados Unidos en Japón elogiando su deportividad.

En diciembre, Walter O'Malley transfirió a Jackie a los Giants. El traspaso enfureció a los seguidores de los Dodgers, que no querían ver a su héroe vistiendo los colores del club rival. La franquicia neoyorquina le ofreció 40.000 dólares por la temporada de 1957 y 20.000 dólares por temporada durante los dos años siguientes. Algunas fuentes sugieren una oferta de 65.000 dólares para la temporada de 1957. Robinson declinó la oferta tras un breve periodo de vacilación.

Jubilación deportiva

Robinson anunció el final de su carrera el 5 de enero de 1957. Para entonces, trece de los dieciséis equipos de las Grandes Ligas habían incluido jugadores negros. "¿Por qué no los otros tres?", se preguntó Jackie. Quería reciclarse como entrenador, pero no recibió ninguna oferta de las grandes ligas. Se convirtió en vicepresidente de la cadena de restaurantes neoyorquina *Chock full o'Nuts* y después entró a formar parte de la junta directiva de la Asociación Nacional para el Progreso de las Personas de Color (NAACP), donde permaneció hasta 1967. Estuvo junto a Martin Luther King en Birmingham (Alabama) en mayo de 1963, tras las detenciones masivas efectuadas por la policía unos días antes. Durante su retiro del deporte, intercambió numerosas cartas con las más altas autoridades del país, incluido el Presidente. Antes de ir a Birmingham, envió una carta muy dura al Presidente Kennedy, advirtiéndole de que "una revolución está en marcha en el país. No se puede detener con perros policía". A Robinson no le gustaba Kennedy por su tímida política de integración racial. Políticamente, se alineó inicialmente con Richard Nixon, pero reconoció en sus memorias que no fue la elección más inteligente de su vida. Tampoco le gustaban las ideas de Malcolm X y su discípulo Mohamed Ali. Los intercambios entre ambos hombres en cartas y artículos de prensa fueron muy acalorados. Sin embargo, el asesinato de Malcolm X fue un golpe terrible para Robinson. Asistió al funeral desde la primera fila. Branch Rickey murió poco después. Fue otro golpe para Robinson, que había considerado a Rickey como su padre. En el funeral, Jackie se sintió consternado al ver que sólo había dos ex jugadores negros presentes. "Realmente creo que al romper la barrera del color en el béisbol, nuestro deporte nacional, él [Branch Rickey] hizo más por la gente negra que cualquier hombre blanco desde Abraham Lincoln", dijo Robinson.

A pesar de su estatus, Jackie siguió sufriendo humillaciones racistas hacia el final de su vida. Se instaló en Stamford, Connecticut, y se convirtió en un ávido jugador de golf. Jugaba como invitado en el High Ridge Country Club, pero en 1963 le negaron la afiliación. Dos años más tarde, intentó comprar un campo de golf al borde de la quiebra. Cuando Robinson se ofreció a comprar el club de Mahopac, una aldea de Carmel (Nueva York), le dijeron que el club acababa de ser rescatado financieramente y ya no estaba a la venta. Sufrió el mismo revés en 1966, cuando intentó crear un campo de golf en Lewisboro, también en el estado de Nueva York. La población local se movilizó contra el proyecto. Apoyado por la NAACP, Jackie acudió a los tribunales en todas las ocasiones, pero perdió.

En 1967, la búsqueda de igualdad de Jackie se vio atrapada entre la opción extremista del *Black Power* y las aspiraciones antimilitaristas del movimiento contra la guerra de Vietnam. Robinson llegó incluso a criticar a Martin Luther King, que había guardado silencio sobre el tema de los derechos civiles. Escribió una carta abierta publicada a principios de mayo de 1967 en la que pedía a King que cesara sus ataques a la política exterior estadounidense en Vietnam y volviera a los asuntos internos. Sin embargo, Robinson no quiso cortar lazos con Martin Luther King. El asunto se resolvió entre los dos hombres, que se respetaban sinceramente, mediante una llamada telefónica. Como reconoce Robinson en sus memorias, King no pudo convencer a Jackie, sobre todo porque dejó claro, como haría al día siguiente en público, que la oposición a la guerra de Vietnam no permitía ningún compromiso. El pacifismo no era la lucha de Robinson. Seis meses después, Martin Luther King fue asesinado. Robinson le aclamó como "el mayor líder del siglo XX". Por otro lado, los radicales *del Black Power* rechazaron la opción igualitaria de Robinson, llamándole "Tío Tom". Acostumbrado desde siempre a recibir cartas de odio y amenazas de muerte de los extremistas blancos, ahora se convirtió en objetivo de los extremistas negros. Robinson no se queja, pero se niega a ser silenciado.

Debilitado por un ataque al corazón y por el terrible año 1968, en el que murieron Martin Luther King y su madre,

Jackie dio un portazo a la NAACP, a la que criticaba por no ser lo bastante militante. Siguió siendo muy activo en la lucha contra el racismo y mantuvo su línea igualitaria, negándose, por ejemplo, a asistir a un partido de veteranos en 1969 para protestar por la ausencia de managers negros en las grandes ligas. Esta medida fue adoptada tres años después de su muerte por Frank Robinson (1975).

En 1970, Jackie firmó un acuerdo con Arthur Sutton, Mickey Weissman y Richard Cohen, tres fuertes agentes inmobiliarios, para crear la Jackie Robinson Construction Corporation. Su objetivo era proporcionar viviendas a los más desfavorecidos. Al año siguiente, sufrió el dolor de perder a su hijo mayor en un accidente de tráfico. Jackie Junior se había hecho adicto a las drogas durante la guerra de Vietnam.

Disminuido por la diabetes y casi ciego, Robinson hizo su última aparición pública en las Series Mundiales de 1972. Le entregaron una placa conmemorativa del 25 aniversario de su llegada a las Grandes Ligas y declaró: "Estoy extremadamente orgulloso y feliz, pero estaré aún más orgulloso y feliz cuando vea una cara negra en la línea de tercera base como mánager de béisbol". Nueve días después, el 24 de octubre de 1972, Jackie sufrió un ataque al corazón en su casa de Stamford. Murió a la edad de 53 años en la ambulancia que lo trasladaba al hospital de la ciudad, donde fue declarado muerto a su llegada. Su funeral se celebró el 29 de octubre. El panegírico de Jackie fue pronunciado por Jesse Jackson ante un público en el que había famosos y desconocidos, negros y blancos. Fue enterrado en el cementerio Cypress Hills de Brooklyn, no lejos de donde estaba el Ebbets Field, la casa de los Dodgers.

Jackie Robinson en la cultura popular

En 1947, Jackie había inspirado nada menos que cuatro canciones, entre ellas *The Jackie Robinson Boogie* y *Jackie Robinson Blues*. La canción más famosa dedicada a Robinson data de 1949. Buddy Johnson compuso *Did You See Jackie Robinson Hit That Ball?*, que fue versionada en numerosas ocasiones, la más famosa de ellas por Count Basie con la voz de Taps Miller. Este estándar del béisbol alcanzó el número 13 en las listas americanas.

En *The Jackie Robinson Story* (1950), de Alfred E. Green, Jackie se interpretó a sí mismo en un intento de recrear su llegada a las Grandes Ligas. Estrenada el 16 de mayo de 1950, esta película de bajo presupuesto fue un éxito de taquilla. El telefilme *Soul of the Game* (1996), de Kevin Rodney Sullivan, también exploraba los inicios de la carrera de Jackie, pero se centraba en la temporada de 1945, cuando Jackie jugaba en la Liga Negra. El telefilme *The Court-Martial of Jackie Robinson (1990)*, de Larry Peerce, se centra en el periodo militar de Jackie.

Las referencias cinematográficas de Robinson no se limitan a estas películas biográficas. Mookie, el protagonista de *Haz lo correcto* (1989), de Spike Lee, lleva una camiseta con el famoso número 42 durante toda la película. En *Brooklyn Boogie* (*Blue in the Face*, 1995), de Paul Auster y Wayne Wang, interviene el fantasma de Jackie. Otras obras de ficción son el clásico infantil *En el año del jabalí y Jackie Robinson (1984),* de Bette Bao Lord.

Con motivo del estreno de su película autobiográfica, Jackie apareció en la portada de la revista *Life* el 8 de mayo de 1950 (n 703). Fue el primer hombre negro en recibir este honor.

Jackie aparece en tres sellos postales de EE.UU. (20c en 1982, 33c en 1999 y 33c en 2000). Es el primer jugador de béisbol que aparece en un sello.

Algunos medios deportivos elaboran listas de deportistas destacados. Robinson ocupó el puesto 16 en la lista de *Sports Illustrated* de los mejores campeones del siglo XX (1999). Ese mismo año, 1999, ESPN le clasificó en el puesto 15 entre los mejores deportistas norteamericanos del siglo XX. El periódico *El Universal* de Caracas, Venezuela, ya lo había clasificado en el puesto 15 en 1961. *TIME nombró a* Jackie una de las 100 personalidades más importantes del siglo XX. Sólo otros dos deportistas figuran en esta selección: el futbolista brasileño Pelé y el boxeador estadounidense Mohamed Ali. En cambio, Robinson quedó relegada a la lista de deportistas que "podrían haber sido 101" en la clasificación de *L'Équipe* de los 100 deportistas más importantes del siglo XX.

En 2005, Antonio Lewis Todd interpretó a Jackie Robinson en un episodio de la tercera temporada de *Cold Case: Casos sin resolver en* el que un jugador de béisbol afroamericano era asesinado en 1945.

En enero de 2008, Robert Redford anunció su intención de dedicar una película a la historia de Jackie Robinson. Redford iba a interpretar el papel de Branch Rickey. En 2013, el proyecto fue finalmente retomado por Brian Helgeland y se convirtió en *42* con Chadwick Boseman como Jackie Robinson y Harrison Ford como Branch Rickey.

El legado de Jackie Robinson

Jackie Robinson ejerció una gran influencia en la sociedad estadounidense. No fue el primer negro que brilló en los medios de comunicación, pero sí el primero que utilizó su perfil mediático para luchar por la igualdad. Sus acciones fueron decisivas en la "Revolución de los Derechos Civiles". El lanzador titular Ralph Branca, que jugó junto a Jackie en los Dodgers, dijo que "Jackie allanó el camino a Rosa Parks, Martin Luther King y todos los demás líderes negros que lucharían por la igualdad racial". El epílogo de la autobiografía de Jackie comienza con la famosa cita desinteresada que quedará grabada en su lápida: "Una vida no es importante salvo por el impacto que tiene en otras vidas". (Una vida no es importante salvo por el impacto que tiene en otras vidas").

Antes de la publicación de sus memorias en 1972, Jackie utilizó el cine, los periódicos y la radio para promover la causa de la igualdad. A principios de los años 50, participó en el programa radiofónico *This I Believe* de la CBS, en el que los invitados presentaban su filosofía de vida. Robinson se lució en este programa, emitido por primera vez el 7 de diciembre de 1952, utilizando fórmulas que luego repetiría ampliamente: "Creo en la raza humana", "no hay garantías, pero sí una oportunidad" y "creo en la bondad de una sociedad libre", entre otras. Era perfectamente consciente de que su debut en las Grandes Ligas, a pesar de la prohibición racial, era sólo un paso; debía servir de ejemplo a los demás para que la sociedad avanzara hacia la igualdad racial. A quienes le señalaban que la sociedad estadounidense estaba demasiado atrincherada en sus planteamientos raciales, respondía por el contrario que la lucha era ganable, y que se ganaría: "El progreso cambiará los dogmas hoy vigentes".

En vísperas de la Convención del Partido Demócrata del 25 al 28 de agosto de 2008, en la que se nominó oficialmente a Barack Obama para la Presidencia de Estados Unidos, Jesse Jackson, Jr. utilizó el ejemplo de Robinson y pidió a Hillary y Bill Clinton que tuvieran una reacción a lo Pee Wee Reese.

En el béisbol, Jackie introdujo el juego de las Ligas Negras en las Grandes Ligas, poniendo fin a la era de las pelotas largas, cuando sólo los jonrones eran los reyes. Su velocidad y su imponente físico hicieron maravillas en la posición de corredor. Consiguió robar diecinueve veces el home. Con el bate, además de su consistencia (promedio de carrera de 0,311), Jackie utiliza toda la gama de golpes, incluidos los bunts y otros sacrificios, típicos de las Ligas Negras. A la defensiva, Robinson también es muy eficaz, sobre todo en las dobles jugadas. A pesar de sus actuaciones y de su contribución al desarrollo del juego, el *Sporting News* sólo clasificó a Robinson en el puesto 44 de su lista de los 100 mejores jugadores de béisbol publicada en 1999. Bill James explica en su *Historical Baseball Abstract* que a Robinson se le considera una figura histórica y no un jugador de béisbol, por lo que se resta importancia a sus logros deportivos. Clasifica a Robinson como el 32 mejor jugador de béisbol de la historia. En 1999, Jackie fue votado por los aficionados en el Equipo del Siglo como segunda base por delante de Rogers Hornsby y Joe Morgan.

Trayectoria personal

Títulos y honores

Jackie Robinson fue elegido miembro del Salón de la Fama del Béisbol el 23 de enero de 1962, en su primer año de elegibilidad. El número 42 que llevaba Robinson fue retirado por los Dodgers el 4 de junio de 1972 y luego, en un honor único, por todas las franquicias de béisbol de la MLB el 15 de abril de 1997. Desde 2004, la liga dedica el 15 de abril a la memoria de Robinson con el *Día de Jackie Robinson*. El 15 de abril de 2007, una celebración especial conmemoró el sexagésimo aniversario del debut de Jackie Robinson en las Grandes Ligas. Para conmemorar la ocasión, más de 200 jugadores lucieron camisetas con el número 42 de Robinson. A partir de 2009, llevar el número 42 el 15 de abril será obligatorio en las Grandes Ligas para todos los jugadores, árbitros, directivos e instructores.

Entre los numerosos galardones que honran la memoria de Jackie Robinson figuran la Medalla Presidencial de la Libertad, concedida en 1984, y la Medalla de Oro del Congreso (2003). Se trata de las dos más altas condecoraciones civiles estadounidenses. A finales de 1956 se le concedió la Medalla Spingarn. Este honor anual lo concede la *Asociación Nacional para el Progreso de las Personas de Color*.

Entre las dedicatorias, el estadio de béisbol de los UCLA Bruins es el Estadio Jackie Robinson. En la entrada del nuevo estadio de los Mets de Nueva York, el Citi Field, inaugurado en abril de 2009, hay una rotonda de Jackie Robinson. El busto de Jackie y el de su hermano Mack adornan la antesala del ayuntamiento de Pasadena. Su casa de Stamford (Connecticut) es Monumento Histórico Nacional desde 1976. En 2011, se descubrió una placa conmemorativa en la casa en la que vivió en Montreal, 8232 avenue De Gaspé.

Atletismo

- Campeón universitario estadounidense (NCAA) de salto de longitud: 1940.

Baloncesto

- Máximo goleador de la División Sur de la Pacific Coast Conference: 1940, 1941.

Fútbol americano

- Seleccionado para el equipo All-American de la NCAA: 1941.

- Miembro del Salón de la Fama del Deporte de la Universidad de California en Los Ángeles (UCLA) desde su fundación en 1965.

Liga Negra

- Miembro del equipo de las estrellas: 1945.

Ligas menores

- Campeón de la Triple A: 1946.
- Campeón de la Liga Internacional: 1946.

Grandes Ligas

- Ganador de las Series Mundiales: 1955.
- Campeón de la Liga Nacional: 1947, 1949, 1952, 1953, 1955 y 1956.
- Mejor jugador revelación: 1947 (primer jugador que recibe este premio).
- Mejor jugador de la Liga Nacional: 1949.
- Líder en promedio de bateo de la Liga Nacional: 1949.
- Líder de goles robados de la Liga Nacional: 1947 y 1949.

- Miembro del equipo All-Star: 1949, 1950, 1951, 1952, 1953 y 1954.

- Elegido miembro del Salón de la Fama del Béisbol en 1962.

- Miembro del Equipo del Siglo (1999).

- Camiseta retirada por los Dodgers en 1972.

- Camiseta retirada por la MLB en 1997.

- *Día de Jackie Robinson* (15 de abril) desde 2004.

- Desde 2009 es obligatorio llevar el dorsal 42 el *Día de Jackie Robinson.*

Títulos y honores no deportivos

- Medalla Presidencial de la Libertad (1984).

- Medalla de Oro del Congreso (2003).

- Medalla Spingarn (1956).

Otros libros de United Library

https://campsite.bio/unitedlibrary